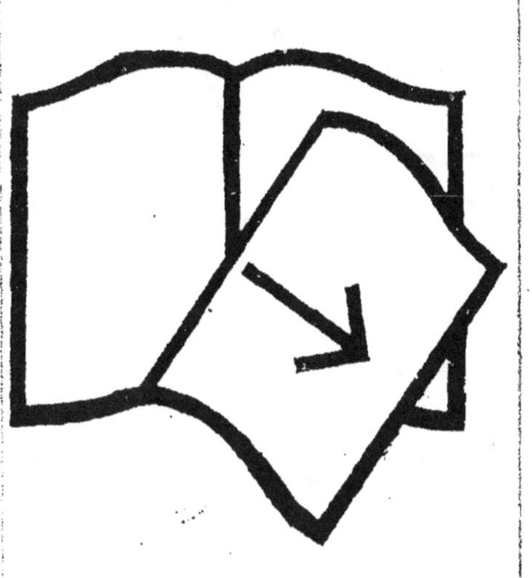

Couverture inférieure manquante

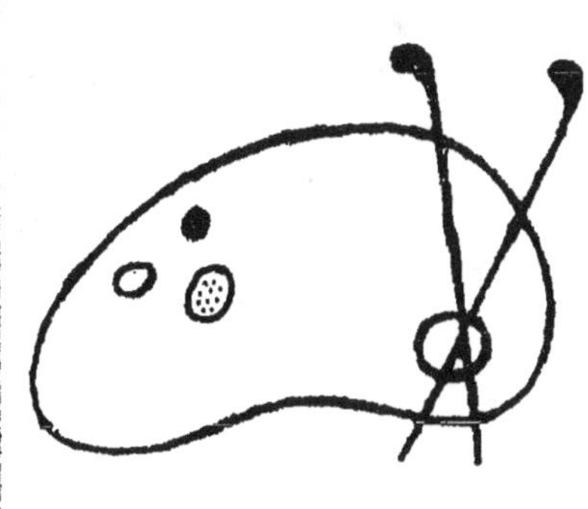

Début d'une série de documents
en couleur

EXPOSITION

D'ALENÇON

1865

RAPPORTS

DE

M. Léon de LA SICOTIÈRE et de **M. Gustave LE VAVASSEUR**

ALENÇON

E. DE BROISE, IMPRIMEUR-ÉDITEUR

PLACE D'ARMES

1865

Fin d'une série de documents
en couleur

EXPOSITION
D'ALENÇON

1865

RAPPORTS

DE

M. Léon de LA SICOTIÈRE et de M. Gustave LE VAVASSEUR

ALENÇON

E. DE BROISE, IMPRIMEUR-ÉDITEUR

PLACE D'ARMES

1865

RAPPORT

DE

M. Léon de LA SICOTIÈRE

SUR

L'ENSEMBLE DES DEUX EXPOSITIONS
Artistique et Industrielle

Messieurs,

Il y a près d'un quart de siècle, — c'était en 1842 ! — que s'ouvrait à Alençon une première Exposition publique des produits de l'Industrie et des Arts. L'idée de cette Exposition avait pris naissance dans quelques têtes jeunes, ardentes et trop confiantes, peut-être, dans l'excellence du but qu'elles poursuivaient, pour se rendre exactement compte des difficultés de l'exécution ; elle avait été appuyée par la presse locale, accueillie par le Conseil général de l'Orne et par les Conseils municipaux d'Alençon et de Seès qui avaient voté des subventions ; elle avait fait son chemin tant bien que mal dans l'opinion publi-

que, plus curieuse encore que sympathique. Le succès fut complet. Les espérances des organisateurs
eux - mêmes furent dépassées. Il est vrai qu'elles
étaient modestes. La rotonde de la Halle au blé, qui
venait d'être rebâtie après l'épouvantable incendie
qui l'avait en partie détruite, reçut l'Exposition tout
entière. Industrie, art moderne, art ancien, horticulture même (car c'est à l'Exposition de 1842 que se
rattachent les premiers essais d'une exhibition florale
dans notre ville qui n'avait pas encore de Société
d'Horticulture), toutes les catégories de produits fra-
ternisaient à l'aise dans l'espace aujourd'hui trop
étroit pour une seule d'entre elles. Le jour de la distribution des médailles arriva. Nous n'avions que de
l'argent et du bronze à offrir à nos Exposants ; ils les
acceptèrent avec reconnaissance. Notre joie égalait la
leur. Quelque chose s'y mêlait de grave et de tou-
chant, comme si, des deux parts, on eût eu la con-
science d'un engagement pris pour l'avenir. On se
séparait avec l'espoir de se retrouver un jour en pré-
sence. Et pourtant une sorte de pressentiment assom-
brissait les adieux du Rapporteur quand il disait :
« Plusieurs années s'écouleront, sans doute, avant
qu'une solennité semblable nous réunisse tous ou
quelques-uns de nous dans cette enceinte. » Paroles
prophétiques, Messieurs, et tristement prophétiques !
Celui qui les prononçait est aujourd'hui le seul qui
s'en souvienne. Des dix-huit membres de la Commission de 1842 qui appartenaient à la ville d'Alençon,
un seul est ici. Un petit nombre a été jeté sur d'autres points par le vent des fortunes diverses. Tous les

autres, jeunes et vieux, chefs et soldats, sont morts. Administrateurs, magistrats, industriels, artistes, tous ceux qui, du cœur ou de la main, avaient vaillamment travaillé à l'organisation de l'Exposition de 1842, sont tombés successivement dans l'orageuse carrière de la vie. Qu'il soit permis au dernier de leurs compagnons d'armes, de s'en souvenir, à cette heure solennelle où votre confiance l'appelle à prendre la parole devant un auditoire si nombreux et si choisi ! Qu'il lui soit permis d'ajouter que l'œuvre qu'ils avaient fondée leur a survécu, et qu'ils seraient heureux et fiers d'applaudir avec moi au dévouement de leurs successeurs, aux mérites des exposants d'aujourd'hui, aux progrès que cette journée constate et doit récompenser, à ceux qu'elle présage dans l'avenir !!

L'œuvre était fondée, avons-nous dit ; elle a marché du pas lent, mais irrésistible, du progrès.

L'Exposition artistique et industrielle de 1858, ouverte à l'occasion de notre premier Concours régional, obtint, elle aussi, un succès complet et légitime. L'industrie peut se rappeler avec orgueil les produits alors exposés des forges de M. Roussel, ceux de la verrerie de M. Boissière. Vous retrouvez aujourd'hui ces deux exposants fidèles à leurs antécédents. Ils se sont surpassés eux-mêmes, n'ayant point de concurrent qui pût les surpasser. Ce fut aussi une bonne pensée et un magnifique résultat, que l'exposition collective de Flers, qui s'est reproduite, en 1865, d'une manière si heureuse. Je cite seulement, dans les beaux arts : les remarquables sculptures de M. Le Harivel-Durocher, que je louerais davantage si je l'aimais moins; les dessins de M. Auguste Richard, qui nous ont fait défaut cette année; les ouvrages du vieux Monanteuil, mort depuis, et qui rappelaient les qualités si diverses qui lui avaient valu l'honneur, dans la première partie de sa carrière artistique, d'être le collaborateur favori de Girodet; dans la seconde, d'être surnommé le Callot Normand.

Si l'opinion publique jugea favorablement ces Expositions qu'elle avait en quelque sorte provoquées, puisqu'une souscription s'était spontanément ouverte pour aider à en couvrir les frais et avait atteint un chiffre relativement important, elles eurent aussi l'honneur d'être visitées et appréciées de la manière la plus flatteuse par M. le maréchal Magnan. Les termes qu'il employa ne sortiront jamais de la mémoire de ceux qui furent assez heureux pour les entendre, et si une mort prématurée n'était venue le frapper récemment, nous aurions pu assurément compter sur son bienveillant et puissant patronage pour notre Exposition nouvelle.

Il y aurait injustice à oublier l'exhibition de tableaux anciens qui fut organisée à Alençon, en 1857, pour fêter tout à la fois l'ouverture du nouveau Musée et la réunion de l'Association normande, et l'Exposition des produits de l'industrie métallurgique de Laigle, qui eut lieu dans cette ville, en 1861, à l'occasion d'une autre réunion de l'Association normande : Exposition des plus riches, des plus curieuses, des plus variées, malgré la similitude apparente des objets exposés, et qui doit nous faire regretter encore davantage que cette industrieuse cité n'ait pas suffisamment répondu à l'appel de la nôtre. Ceux qui louèrent le plus son Exposition de 1861 ont droit et devoir de se montrer sévères pour son abstention de 1865. L'opinion publique, dans ce Département et au dehors, s'est émue de cette abstention comme de certaines autres, aussi imprevues, aussi difficiles à justifier. Dans l'ardente mêlée du travail, les combattants ont grand intérêt à marcher clairon en tête et bannière au vent, à militer comme ces anciens paladins qui accompagnaient chaque coup de leur vaillante épée de leur cri de guerre, pour faire ainsi acte de vie et de victoire. Les amis se ralliaient à ce cri; à ce cri, les ennemis reculaient d'épouvante. — Nous pouvons dire d'ailleurs, modestie à part, que jusqu'ici nos Expositions ont fait rejaillir sur les Exposants une partie de l'éclat qu'elles leur avaient emprunté.

Nos Expositions de 1865 s'annonçaient sous les auspices les plus favorables.

Pour abriter les produits de l'Industrie, notre ville avait bâti son Palais de Cristal; elle avait couronné sa vieille Halle de cette coupole élégante et hardie qui fera l'admiration et l'envie de nos voisins; travail des plus remarquables, assurément, qui honore à la fois l'Administration qui l'a conçu, l'architecte qui en a tracé le plan, les ingénieurs et les ouvriers habiles qui l'ont exécuté.

Quant aux Arts, ils devaient trouver une hospitalité splendide dans cette maison aux murs de granit, aux toits aigus couronnés d'épis, aux fenêtres en

croix, au porche pittoresque, qui est un des restes les
plus curieux et les plus historiques du vieil Alençon.
C'est là que Henri IV, quelques jours avant la bataille
d'Ivry, aurait trouvé l'hospitalité chez la femme d'un
de ses braves officiers; là, qu'il aurait mangé à son
souper cette dinde devenue historique, en compagnie
du bon bourgeois qui n'avait pas voulu s'en séparer;
là, qu'il aurait anobli son joyeux commensal et lui
aurait octroyé une dinde en pal dans ses armes. Plus
tard, couvent; plus tard, caserne; plus tard, enfin,
condamnée à la destruction par les exigences, quel-
quefois bien sévères, de la planimétrie urbaine; appe-
lant de cet arrêt, et prouvant, ce semble, par la manière dont elle a profité des jours de répit qui lui
étaient accordés, qu'elle mériterait de vivre longtemps encore, et qu'elle pourrait suffire aux exigences
d'un Musée définitif comme à celles d'une Exposition
provisoire, cette maison convenait parfaitement à sa
destination nouvelle. Les plus hostiles ont dû être
désarmés par l'aspect grandiose et charmant qu'elle
présente. L'art ancien et l'art moderne, l'art exotique
et l'art indigène ont rivalisé d'efforts et parfois de
coquetterie pour rajeunir sa vieillesse, pour parer la
nudité de ses murailles noircies par le temps. Du rez-
de-chaussée aux mansardes, elle s'est successivement
remplie de trésors. Elle s'est trouvée trop petite à la
fin, et la statuaire a dû bivouaquer sous la tente....

Tout à l'heure, Messieurs, une plume spirituelle et
compétente vous déroulera la liste des artistes qui
appartiennent à la circonscription régionale et qui
ont obtenu des récompenses. Elle vous indiquera le

mérite spécial de chacun. Peinture à l'huile, au pastel, à l'aquarelle, dessin, gravure, lithographie, photographie, statuaire, architecture, peinture sur porcelaine et sur verre, rien ne sera oublié. Vous verrez combien l'amour et la pratique des arts comptent de sectateurs distingués dans nos régions de l'Ouest et de la Normandie, accusées de tant de froideur! Vous applaudirez particulièrement vous, habitants d'Alençon, aux succès d'une artiste éminente que les devoirs du monde n'ont pu arracher à la pratique de la peinture, que les applaudissements de Paris n'ont pas rendue insensible aux sympathies de son pays natal; à ceux des élèves de Monanteuil et de Godard, ces illustrations de l'art Alençonnais, qui soutiennent et continuent la glorieuse tradition de leurs maîtres!!

Mais à côté des œuvres que nous pouvons essayer de récompenser, sinon dans la mesure de leur mérite, du moins dans celle de nos ressources, combien d'artistes pour lesquels nous n'avons que des éloges et des remercîments! Je ne veux nommer personne dans cette catégorie trop nombreuse, pas même le grand artiste auquel vous pensez tous en ce moment, l'illustre Directeur de notre Académie à Rome, qui a voulu nous prouver, par l'envoi de trois de ses meilleures toiles, combien ses sympathies sont demeurées fidèles à un pays où son nom, si dignement porté par son frère et son neveu, est justement populaire. Mais à tous j'exprime la reconnaissance des Commissions, des Jurés et du public pour la part qu'ils ont prise à notre Exposition artistique. Les acquisitions faites jusqu'ici par les soins de la Commission, la loterie dont le produit aura servi à acheter bon nombre d'œuvres remarquables, l'éclat de notre Exposition, ne paieraient pas suffisamment notre dette. Nous leur devions un tribut public de félicitations et de remerciments!

Que de remerciments aussi ne devons-nous pas aux possesseurs de ces belles toiles anciennes, qui ont bien voulu nous en faire le sacrifice momentané : à M. le duc d'Audiffret-Pasquier, à M le comte Rœderer, à M. Prosper Dupont, à M. le comte de Fontenay, à tant d'autres qui ont enrichi de la fleur de leur collection cette salle des anciens maîtres, devenue le bouquet de notre Exposition? Quelle Exposition, quel Musée de province aura pu jamais étaler une aussi splendide collection de tableaux anciens, surtout de cette Ecole espagnole où les noms de Murillo et de Ribéra brillent comme des étoiles sur un ciel obscur, où les peintres, au lieu de couleur, semblent avoir trempé leur pinceau dans l'ombre et la lumière? Leur entourage, et c'est assez dire, ne les déparait pas.

Et cette série de dessins originaux de l'Ecole française, choisis par M. le marquis de Chennevières lui-même, dont la magnifique collection qu'il a formée avec tant d'amour et qu'il a prêtée à notre Musée avec tant de grâce, qu'en dire qui soit digne d'elle? Je ne puis mieux faire que d'employer les expressions de M. de Chennevières lui-même pour en caractériser l'intérêt et l'utilité :

« Chez la plupart des races modernes, bien éloignées de la délicatesse primitive, le sentiment du beau a besoin, pour être ravivé, que l'éducation revienne en aide à la nature... Si l'on veut que nos concitoyens prennent goût aux choses d'art, il n'est pas meilleur moyen que de leur faire toucher des yeux les procédés de création et comme l'éclosion et le développement de la pensée des grands artistes, de leur en faire observer les spontanéités, les hésitations, l'expression parfois bien naïve, et par quelles études et quelles purifications a passé un tableau et souvent chaque figure de ce tableau, ce que la nature fournit à l'interprétation de l'artiste et comment l'art modifie cette interprétation... »

Enfin, Messieurs, comment ne pas payer un dernier tribut d'admiration, de plaisir et de regret (puisqu'elle va bientôt se disperser), à cette réunion d'objets d'art et de curiosité qui remplissent nos salles du rez-de-chaussée et qui rivalisent d'éclat, de richesse et de rareté, à cette confusion si bien rangée de trésors de tous les genres et de toutes les époques? Tout est là de ce qui peut intéresser l'homme de goût, au double point de vue de la science et de l'art, depuis les instruments rudimentaires et grossiers dont se servaient les Gaulois, nos pères, et qui rappellent ceux des sauvages caraïbes, jusqu'à ces élégantes et fragiles merveilles, jouet d'une civilisation raffinée, que l'on craint pour ainsi dire d'effacer d'une haleine ou de ternir d'un regard... Armures; meubles élégamment sculptés, curieusement fouillés, merveilleusement incrustés; tapisseries; retables splendides; faïences et porcelaines de tous les pays et de toutes les époques, mais où la grande école normande, la maîtresse de toutes les autres dans l'art du décor, brille d'un éclat sans pair ; bijoux délicieux ; dentelles dont la série nous offre toute une histoire de cette industrie et nous montre particulièrement la transformation si curieuse du point de Venise en point d'Alençon ; numismatique ; émaux peints ; albâtres et ivoires sculptés ; autographes même où l'écrivain semble avoir laissé quelque chose de sa vie en même temps que de sa pensée.... Et pour ceux qui cherchent des émotions et non pas seulement des dates ou des formes, qui préfèrent la relique authentique la plus modeste à la châsse la plus splendide, quelle révélation que ce portrait ravissant de Mme de Maintenon, que Louis XIV porta sur lui jusqu'à sa mort ; que celui de Buzot, que Mme Roland gardait sur son cœur et mouillait de ses larmes pendant les heures douloureuses de sa captivité ; que celui de Charlotte Corday, esquissé à l'audience du Tribunal Révolutionnaire, et gardant, dans son incorrection même, le dernier regard de ses yeux, le reflet de sa dernière pensée !...

Je vous demanderais pardon, Messieurs, de m'être trop abandonné au charme de cette description, bien incomplète pourtant, si cette description n'était pas le seul remerciment, le seul hommage que nous puissions adresser à nos Exposants.

Mais je n'oublie pas que c'est au nom des Commissions des deux Expositions que j'ai l'honneur de parler devant vous.

L'Exposition industrielle n'a peut-être pas été appréciée avec une bienveillance suffisante. La bienveillance est souvent de la justice.

Certaines circonstances, indépendantes de la volonté de la Commission, en ont retardé ou entravé l'organisation ; des refus de concours inexplicables l'ont appauvrie de quelques-uns des objets qui devaient en faire le principal éclat. Elle ne peut être considérée, dans notre pensée, comme l'expression complète, comme le résumé exact de l'état de l'industrie dans notre région de l'Ouest. Certaines catégories de produits, et des plus importants, n'y sont représentées que d'une manière insuffisante. En revanche, elle manifeste d'une manière très-significative l'initiative individuelle, les tendances progressives des divers exposants. Elle prouve que, dans toutes les branches de l'industrie, métallurgie, tissage, ébénisterie, décoration des appartements, bijouterie, corroirie, carosserie, reliure, une sorte de transformation tend à s'opérer par la recherche de procédés nouveaux, par le perfectionnement des anciens procédés. Elle met en lumière, à côté d'industries déjà anciennes et toujours importantes, des établissements nouveaux qui sont venus s'implanter dans notre pays et qui doivent exercer une immense influence sur son avenir agricole et industriel; j'ai nommé les grandes usines d'Avoise, de Briante et de Ménil-Erreux, qui représentent de si vastes et si divers intérêts. De savants et consciencieux Rapports vous édifieront bientôt sur le mérite des Exposants de l'Industrie. Je ne crois pas me tromper en affirmant que si, au point de vue collectif, cette Exposition a pu laisser quelque chose à regretter, au point de vue des mérites spéciaux, individuels des Exposants, elle surpasse toutes celles qui l'avaient précédée, et donne une haute idée de l'esprit progressif dont s'inspire l'industrie de notre pays.

Quelques mots sont peut-être nécessaires pour expliquer la nature et l'origine des récompenses, avant qu'elles soient proclamées.

Le Conseil général de l'Orne, dans sa dernière session, après avoir largement pourvu aux exigences du Concours hippique dont la splendeur a dépassé toutes ses prévisions, avait bien voulu donner aux industriels et aux artistes de la circonscription une preuve de sa haute sollicitude, et voter une somme de 2,000 fr. pour être distribuée par moitié, en récompenses honorifiques, aux Exposants des deux catégories.

Le Conseil municipal d'Alençon avait ajouté une subvention généreuse, pour compléter les récompenses à décerner aux Exposants de la catégorie industrielle.

Sur les instances de M. le Préfet, à qui nous devons tant de reconnaissance, instances auxquelles notre honorable Député, M. de Chasot, a bien voulu joindre les siennes, une médaille d'or a été accordée à chacune des deux Expositions par S. M. l'Impératrice, et S. M. l'Empereur a daigné en accorder une troisième pour être décernée à celui des Exposants des deux Expositions qui en serait reconnu le plus digne.

Il y avait là, Messieurs, un appel à la fusion des

deux Commissions auquel elles ont été d'autant plus heureuses de se prêter, qu'elles l'avaient prévenu, et que, dans tout ce qui dépendait de leur initiative, elles avaient fraternisé avec l'accord le plus complet.

Comment pouvait-il en être autrement ? Notre but à tous n'est-il pas le même ? Nous aimons notre pays de la même affection ; nous voulons de la même volonté tout ce qui peut contribuer à son progrès matériel et moral ; nous nous étions dévoués d'un même dévouement à l'œuvre commune.

L'art et l'industrie, d'ailleurs, se tiennent par la main. Si l'une pourvoit aux besoins du corps, l'autre satisfait aux besoins de l'âme. Si l'art embellit et perfectionne les objets industriels, l'industrie, à son tour, popularise dans les masses le sentiment de l'art, le goût du beau, le désir du mieux. L'art est l'idéal, l'industrie la réalité ; mais l'idéal et le réel se mêlent dans la vie des peuples comme dans celle des individus. Le progrès des lumières, la diffusion des fortunes, les exigences toujours croissantes du confort et du bon goût tendent à rendre de plus en plus intime cette liaison de l'art et de l'industrie, où l'art aura peut-être quelque chose à perdre, mais où les artistes ont certainement beaucoup à gagner.

Comme preuve de l'union cordiale et vraiment fraternelle qui anime nos deux Commissions, je suis heureux d'avoir à proclamer devant vous, Messieurs, qu'elles ont été unanimes, et que les deux Jurys l'ont été également, pour demander, au nom des deux Expositions, que la médaille d'or de S. M. l'Empereur

fût décernée à M. Arnoul, architecte du département
de l'Orne, pour le plan qu'il a dressé de la magnifique coupole qui s'élève à quelques pas d'ici, et pour
le reste de son exposition d'architecture.

Tout le monde applaudira à cette distinction si
bien méritée.

Si j'avais eu à caractériser d'un seul mot l'œuvre de
M. Arnoul, je me serais rappelé l'épitaphe, à Saint-
Paul de Londres, de Wren, le constructeur de ce
splendide édifice : « Si vous cherchez un monument
à sa gloire, regardez autour de vous. »

Si monumentum quæris, circumspice

Et j'aurais dit au Jury réuni sous la coupole pour
apprécier l'exposition de M. Arnoul : « Levez les
yeux et regardez autour de vous !.... »

Je finis, Messieurs; j'ai hâte de laisser la parole
aux Rapporteurs des Jurys de nos diverses Expositions, et de prendre ma part du plaisir que vous au-
rez à les entendre. Ils vous signaleront les mérites
spéciaux des divers concurrents ; je n'avais à caractériser devant vous que l'ensemble des Expositions.

Dans ce qu'elles ont eu de remarquable et de bril-
lant, aussi bien que dans leurs lacunes, ces Expositions nous ont offert une leçon dont l'avenir devra
profiter. Les institutions sont comme les hommes :
elles doivent progresser sans cesse, sous peine de re-
culer. Nous savons aujourd'hui dans quelles condi-
tions doit s'organiser une Exposition pour réussir
complètement. Les Exposants savent au prix de quels

efforts ils peuvent y acheter le succès. Puissent ceux qui nous ont refusé leur concours, ne pas apprendre à leurs dépens ce qu'il en coûte parfois pour arriver trop tard sur le champ de bataille !

De longues années vont encore s'écouler avant qu'une nouvelle Exposition vienne convier à ses luttes pacifiques et fécondes nos artistes et nos industriels. Qu'ils s'y préparent dès ce moment par de nouveaux efforts, par un dévouement qui ne se laisse ni éblouir par un premier succès, ni décourager par un premier échec, par un travail persévérant et progressif. « Le triomphe, disait un homme d'Etat, ne vient qu'après le combat, la réputation qu'après une laborieuse activité, la fortune qu'après de rudes épreuves et des efforts pénibles. »

L'histoire nous raconte qu'un Empereur romain, mourant au fond de la Grande-Bretagne, épuisé de fatigues, de voyages et de victoires, se souleva sur son lit d'agonie pour répondre d'une voix mâle et ferme au centurion qui lui demandait le mot d'ordre, ce seul mot : LABOREMUS! travaillons! et il expira.

Nous n'avons pas, Messieurs, dans la modeste sphère où nous sommes presque tous placés, de mot d'ordre à donner. Mais nous avons, tous tant que nous sommes, reçu de nos devanciers et nous devons transmettre fidèlement à ceux qui nous suivront, le mot d'ordre simple et sublime de Septime Sévère, qui est aussi celui de la Providence et de la patrie : travaillons! LABOREMUS!....

2

RAPPORT

DE

M. G. LE VAVASSEUR

AU NOM DU JURY

De l'Exposition artistique.

MESSIEURS,

Il y a sept ans, à peu près à pareil jour, l'indulgence de mes honorables collègues du Jury de l'Exposition des Beaux-Arts voulut bien me nommer son Rapporteur. En faisant aujourd'hui le même honneur à ma bonne volonté, elle me donne le droit et m'impose presque le devoir de jeter un coup d'œil sur la route que nous avons parcourue depuis ce temps-là. Le navigateur prudent relève tous les jours le point et jette la sonde pour savoir où il en est et sur quelle mer il navigue.

Toutefois, ici ma tâche est facile : l'art n'est point soumis à la loi fatalement ascendante du progrès ; contrairement à la science dont les horizons sont dans l'avenir, ses modèles, au moins provisoires, sont dans le passé, et rien ne dit que ce ne soient pas ses modèles définitifs. Au-dessus des décadences et des progrès apparents, s'élèvent de temps en temps, capricieusement, ou plutôt en vertu d'une loi providentielle dont le secret échappe à l'œil humain, les grands génies qui dominent la foule.

Heureusement, cette foule est elle-même une foule d'élite. Ceux qui exercent le noble métier des arts sont les premiers-nés de l'intelligence et ses protecteurs participent au privilége de ses apprentis.

Ici, du moins, je dois constater un remarquable progrès. Si, depuis sept ans, les artistes actifs ne paraissent pas avoir ouvert une voie nouvelle, les amateurs des arts sont devenus plus nombreux et si la mode et la curiosité ont fait quelques maladroites recrues, il faut dire que le goût s'est singulièrement épuré. Jamais nous n'avons analysé avec plus de soin qu'aujourd'hui le secret de nos blâmes, de nos réticences et de nos admirations. Jamais les millions n'ont été plus facilement sacrifiés à la possession des vrais chefs-d'œuvre, et jamais la critique ne s'est moins gênée pour apprécier, à leur juste valeur, les médiocrités surpayées par l'ignorance ou la vanité.

Ceci, Messieurs, est à l'honneur de notre temps, et ce double courant d'enthousiasme et de libre examen remet chaque chose à sa place.

Toutefois, le rôle de Mecène, même à demi-aveugle, est plus agréable que celui de critique, quelque indulgent qu'on suppose celui-ci.

Nous le savons, hélas! nous autres membres d'un Jury appelé à distinguer ce que nous aurions voulu confondre, à exclure ceux que nous aurions eu tant de plaisir à admettre.

Heureusement, dans cette Exposition d'un ensemble si remarquable et si complet, nous avons souvent pu louer et admirer sans réserve.

Nous nous sommes d'abord trouvés en face de noms connus et justement sympathiques.

Nommer en dehors de la circonscription MM. Corot, Courbet, Daubigny, Hamon, Armand Leleux, Antigna, Barrias, Hanoteau, Ziem, Toulmouche, Armand Dumaresq, Emile Breton; nommer encore dans la sculpture, MM. Fremiet et Doublemard; dans les dessins, M. Dubouché; dans les eaux-fortes, M. le baron de Wismes, c'est rappeler des artistes célèbres à différents degrés. A ceux-là, comme à MM. Bentabole, Harpignies et tant d'autres, le Jury a regretté de ne pouvoir donner de récompense. Toutefois, en leur assignant dans son esprit un rang souvent supérieur aux artistes récompensés, il a cru devoir se renfermer strictement dans les limites de la circonsciption régionale de l'Exposition et ne donner de médailles ou de mentions honorables qu'aux artistes nés ou domiciliés dans cette circonscription.

Là, encore, il a dû faire d'honorables exclusions. Le vénérable directeur de Rome, M. Schnetz, n'entrait point en lice. Le Jury ne le regrette qu'à demi, il n'aurait eu qu'une trop faible récompense à lui décerner.

M. Le Harivel-Durocher avait accepté la fonction

de juré. Qu'il soit permis à ses collègues de joindre un regret à leurs félicitations. Dans la section de photographie, M. de Liesville se trouvait aussi juge et partie. Ces deux honorables exposants s'étaient ainsi mis eux-mêmes hors de concours.

Le Jury a dû laisser aussi en dehors du concours M. Just Lisch, auquel il avait donné une médaille d'argent en 1858 et qui a été honoré à Paris, en 1864, d'une médaille d'or, et M. Ruprich (Robert), l'éminent architecte diocésain. En les laissant hors concours, le Jury n'a point entendu les priver de la part d'éloges qui leur est due.

Le Jury n'a pas cru non plus devoir décerner de récompense à M. Ribot, dont le talent qui grandit tous les jours fait honneur à la Normandie et au département de l'Eure, qui l'a vu naître. Bien que charmantes dans leur genre et dans leur mesure d'importance, les deux petites études envoyées par M. Ribot ont semblé au Jury tenir dans l'œuvre du peintre une place si minime qu'il ne lui a point décerné de médaille, tout en décidant qu'il serait fait une mention spéciale des deux petits tableaux de M. Ribot.

Voici la liste des récompenses que le Jury décerne aux artistes exposants :

Médaille d'honneur de Sa Majesté l'Impératice, à M. Charles Landelle. — La femme au *far niente* de M. Landelle, dont la tête, d'une si fine, si heureuse et si séduisante expression, est solidement et habilement peinte, est une des meilleures, sinon la meilleure œuvre de l'auteur. Cette considération, jointe au mérite absolu de l'ouvrage, a déterminé le Jury à lui décerner la médaille qu'une auguste munificence avait mise à sa disposition.

Peinture.

Médaille de vermeil, à M. Oudinot ; (Spécialement pour son paysage : *les bords de l'Oise*. Le Jury est heureux de pouvoir féliciter M. Oudinot des progrès qu'il a faits et de lui décerner une de ses premières médailles).

Médaille de vermeil, à Mme de Saint-Albin. (Déjà récompensée en 1858, à Alençon, d'une médaille d'argent), Mme de Saint-Albin a suivi avec persévérance et bonheur la voie qu'elle s'était tracée. C'est aujourd'hui un de nos plus remarquables peintres de fleurs).

Médaille de vermeil, à M. Legrip. (Pour l'ensemble de son exposition et surtout pour son *Cimetière de la Roche-Guyon* et ses *Laveuses*).

Médaille d'argent, grand module, à M. Gislain. (Les portraits exposés par M. Gislain dénotent chez cet estimable artiste une louable persévérance et de notables progrès. En dehors des trois portraits catalogués, le Jury a dû tenir compte du portrait de vieillard exposé dans la salle des Dessins et du carton accroché dans l'escalier.)

Médaille d'argent, grand module, à M. de Grisy. (Exposition complète et variée ; pastels remarquables. Excellentes photographies).

Médaille d'argent, petit module, à M. Caillou.

(Eminentes qualités de fraîcheur et de lumière dans ses deux paysages);

A M. Foulogne. (Un petit tableau, une aquarelle et un dessin. Le petit tableau est charmant);

A M. Hédin. (Exposition complète. Qualités incontestables. Heureux agencements des fonds et surtout progrès évidents);

A M. Lersrel. (Etude consciencieuse de l'anatomie. Remarquable modelé);

A M. Mongodin. (Charmant et simple petit sujet, bien réussi);

A M. le baron de Sarcus. (Bonne étude de sous-bois; petit tableau plein de finesse et d'expression);

A Mme Selim. (Surtout pour son ingénieuse et séduisante composition du *Fil de la Vierge*. Remarquables qualités dans la *Carmélite en prière*);

A M. Tesnière. (Surtout à cause de la *Marée basse à Bernières*. Moins d'ensemble dans le *Bac sur la rivière d'Orne*, bien que ce dernier tableau renferme des parties bien réussies);

M. de LATOUCHE est un amateur éclairé des arts, auquel le Jury décerna en 1858, à Alençon, une médaille de bronze. M. de Latouche a persévéré dans la voie qu'il s'était tracée, et le Jury a cru devoir lui donner une médaille d'argent.

Rappel de médailles d'argent à M. Bouet et à Mlle Eudes de Guimard.

Médailles de bronze, grand module, à MM. Berthélemy, à cause de sa *Marine*; son *Intérieur de cave* est beaucoup moins bon. — M. le comte Eugène de

Lonlay (Etudes d'après nature, remarquables et variées; entre autres, un fort bon petit paysage : le *Gardeur de vaches dupays d'Auge*). — M. Abel Thouin (bon ensemble d'exposition; études de paysage bien réussies; charmants petits dessins au crayon).

Médailles de bronze, petit module, à MM. Devé, Massé, Le More, et Piette-Montfoucault.

Rappel de médaille de bronze à M. Viger-Duvignau.

Mentions très-honorables à Mlle Amanda Fougère, à MM. de la Roche-Noire et de Vauquelin.

Mentions honorables a MM. Bourgeois (de Falaise), Cassinelli, Clouet d'Orval, Dubourg, Letrone, Ravenel, Lebrun.

Citons aussi les noms de MM. Crespin, Crévon, Daverne, Lamoisse et de M. Balazuc, placés dans la section de peinture et de dessin.

Sculpture.

Médaille de bronze à M. Larue (ornementation très-remarquable de son médaillon de la Vierge.)

Mentions honorables à MM. Fourdrin, Hébert.

Remerciements à M. Stears.

Gravure. — Lithographie.

Médaille d'argent, grand module, à M. Tancrède Abraham. (Les eaux-fortes de M. Abraham sont des plus belles et des mieux réussies.)

Médaille d'argent à MM. Gautier et Roland. (On

retrouve, chez ces deux habiles graveurs sur bois, comme un reflet des qualités si distinguées de leur excellent maître, à jamais regrettable, M. Godard.)

Mention honorable à M. Normand.

Architecture.

Le Concours d'architecture de l'Exposition d'Alençont est un des plus remarquables que l'on ait vus depuis longtemps. La pureté des dessins répond à la science, à la hardiesse, à l'ingénieuse combinaison des plans. On a dit comment une médaille d'honneur avait été accordée à M. Arnoul, par les deux Expositions réunies des Beaux-Arts et de l'Industrie. La Commission a décerné une médaille hors concours à M. Gévens. MM. Lisch et Ruprich ne concourent pas. Le Jury a décerné une médaille d'argent, grand module, à M. Pelfresne; une médaille d'argent à M Hédin fils; une médaille de bronze, grand module, à M. Amiard.

Mention honorable à M. Prempain, pour son projet de fontaine, peut-être un peu chimérique. — Encouragement à M. Fontaine, élève de l'école municipale d'Alençon, pour son dessin, d'après nature, d'une travée de l'église Notre-Dame; à M. Mortagne, pour son *Plan du camp de César*.

Peinture sur verre.

Deux maîtres verriers de la circonscription étaient appelés à concourir : MM. Lorin, de Chartres, et Le Dien, d'Argentan. En ne considérant que la peinture religieuse, l'exposition de M. Lorin est plus considérable et plus complète. Un vitrail exposé dans le chœur de Notre-Dame est important. On doit y remarquer et y louer surtout le modelé du torse du Christ et l'heureux dessin de la bordure. Une figure de Vierge, exposée dans la salle des antiques, complète l'exposition de M. Lorin en affirmant son talent et le soin avec lequel sont traitées certaines parties comme les mains.

L'exposition de M. Ledien est de deux sortes. Il a joint à un vitrail religieux satisfaisant, un écusson ou plutôt un médaillon d'armoiries auquel le Jury doit de sincères éloges. Il félicite surtout M. Ledien d'être entré dans une voie nouvelle et d'avoir fait cette tentative couronnée de succès, de peinture sur verre profane ; il serait à désirer qu'il eût des imitateurs. Réduits à tourner dans un cercle restreint et contraints de traiter des sujets au-dessus de leurs forces, les maîtres verriers modernes sont souvent insuffisants et tombent dans des redites banales. Entre l'art et le métier, il y a peut être une place modeste à la vérité, mais une place honorable à prendre.

Le Jury a décerné une médaille d'argent à MM. Lorin et Le Dien.

M. Charles est un sérieux et infatigable travailleur, un archéologue distingué, un savant comme il y en a trop peu, qui a voulu joindre la pratique à la théorie. A la connaissance de l'histoire de l'art, il a réuni l'étude du procédé. Le Jury croit devoir féliciter M. Charles de sa courageuse résolution et lui décerner une médaille de bronze grand module.

Photographie.

Médaille d'argent grand module, à M. de Brébisson.

M. de Brébisson est un des créateurs de la photographie en France. Sans cesse à la recherche de nouveaux procédés, ses essais ont souvent été couronnés de succès. Sa reproduction photographique d'une vieille gravure (procédé à la sanguine) semble faire entrer la photographie dans une voie nouvelle et féconde en heureux résultats.

Médaille d'argent, à M. Canivet.

Les photographies de M. Canivet n'ont pas toutes un égal mérite. Toutefois, quelques-unes d'entre elles, surtout la vue prise dans le parc du Bourg, ont motivé aux yeux du Jury la distinction particulière dont il honore M. Canivet.

Mentions très-honorables à MM. Bacot et Lepetit.

Mention honorable à M. Lemore ; (citation particulière de ses photographies en couleurs).

Les photographies de M. Cagnon, destinées au commerce, ne se distinguent par aucun procédé nouveau. Elles attestent en général le soin et l'intelligence du photographe.

J'ai fini, Messieurs, la partie de ma tâche la plus ardue. Quelle que soit la somme de louanges que l'on ait à distribuer, la distribution est chose délicate, et faire les parts, je ne dis pas au gré de tout le monde, mais à son propre gré, est chose difficile.

Si j'avais dû épuiser le catalogue et pénétrer avec vous dans les salles réservées aux tableaux anciens, aux objets d'art de toute nature prêtés par leurs heureux propriétaires avec une si aimable prodigalité et si habilement disposés pour la fête des yeux et l'enseignement des esprits, si j'avais dû être votre cicerone à travers la collection de dessins si remarquables de M. le marquis de Chennevières, alors j'aurais pu prodiguer la louange sans la peser et me laisser aller à l'enthousiasme sans réticence. Une voix plus éloquente et plus autorisée que la mienne s'est chargée de ce soin, et je n'ajouterai rien à ce qu'elle a dit. Toutefois, permettez-moi en finissant de vous rappeler ce que je vous disais il y a sept ans : je je faisais allusion au souci littéraire et artistique qui a toujours été le nôtre en cet heureux pays.

En Normandie, les bons esprits ont toujours eu la préoccupation d'être de beaux esprits. Si je ne cite pas, c'est que les noms se pressent aussi dru dans votre mémoire que dans ma bouche, et que les exemples du présent ne font point défaut aux leçons du passé. C'est, poussé par cette évidence, qu'empruntant une expression classique un peu banale, mais vraie, je vous disais : Nous sommes des Athéniens. — Je vous le répète aujourd'hui. On vous a dit, — et je ne saurais le dire aussi bien, — *noblesse oblige.* Permettez-moi d'insister et d'ajouter : Nulle noblesse n'oblige plus que celle-là.

Gardons avec soin, avec orgueil — pourquoi pas ? — le noble amour des aristocraties de l'intelligence, — les lettres et les arts. Sachons parler la langue des

Dieux. Souvenons-nous que la forme est le sceau divin de la matière, et que Dieu a donné à l'homme la faculté d'en mettre l'empreinte,